AF268007

LE
COUP D'ÉTAT

DE DÉCEMBBE 1851

DANS LE VAR

PAR

ALEXANDRE GARIEL

Ancien Conseiller de Préfecture

Prix : 50 centimes

DRAGUIGNAN

IMPRIMERIE GIMBERT FILS, GIRAUD ET Cᵉ

1878.

LE
COUP D'ÉTAT

DE DÉCEMBRE 1851

DANS LE VAR

PAR

ALEXANDRE GARIEL

Ancien Conseiller de Préfecture

~~~~~~~~~

Prix : 50 centimes

~~~~~~~~~

DRAGUIGNAN

IMPRIMERIE GIMBERT FILS, GIRAUD ET Cⁱᵉ

—

1878

LE COUP D'ÉTAT

de Décembre 1851

DANS LE VAR

CHAPITRE Ier

La Constitution

La République du 24 février 1848, en fondant le suffrage universel, s'est acquis un titre de gloire et de reconnaissance impérissable dans l'esprit de tous les peuples. Bien que novice dans cette carrière, la France répondit assez bien aux espérances qu'avaient conçues les fondateurs du suffrage national. Notre Constituante fut républicaine en grande majorité, mais fractionnée en nuances diverses comme le gouvernement provisoire qui avait présidé à son élection. C'est peut-être à cette diversité d'opinions réciproquement réfractaires, qu'il faut imputer la stérilité de notre République, organisée d'ailleurs par des législateurs novices, étonnés de leur puissance souveraine.

Surpris et embarrassés de cette grande élévation dont ils devaient compte et réserve à la nation qui les avait élus, nos constituants s'empressèrent de se dépouiller de cette suprématie sans rivale, pour en investir un monarque de leur fabrique, appelé président, à la place du roi, mais plus puissant que les derniers rois, alors même qu'on ne l'aurait pas grandi par le prestige rayonnant de l'élection par le suffrage universel.

 Voilà un élu formidable, maître absolu de toutes les forces vives du pays, qui, prince ou simple mortel, pourra écraser tous ses commettants au gré de son ambition, et qui dominera fatalement de sa corpulence nationale tous les mandataires du peuple élus en territoires fractionnés.

Par cette élection présidentielle, nous som-

mes bien tristement les plagiaires des Etats-
Unis, comme si nos départements, enchaînés au
pouvoir central, pouvaient être assimilés aux 35
gouvernements fédérés de l'Union américaine.

Par les autres règlements de notre constitution, nous nous sommes faits, purement et sim-
plement, les plagiaires de nos vieilles Constitu-
tions. Il fallait, à la nouvelle Constituante, le
génie créateur ; et elle n'a trouvé, dans sa bonne
volonté, que l'esprit de routine des vieilles républiques et des vieilles monarchies.

Si on se fut souvenu au moins de l'antique
gouvernement de Lacédémone, de cette ville de
Sparte qui, ayant conservé la royauté au milieu
des républiques de la Grèce, avait en même
temps institué le conseil des Ephores, magistra-
ture de cinq membres qui avait pouvoir et mission de contre-balancer l'autorité du roi, on
aurait pu créer une institution analogue assez
forte pour arrêter notre président-potentat dans
ses entreprises illégales, liberticides ou injustes.

Notre conseil d'Ephores spartiates aurait
nommé aux emplois supérieurs, et même à toute
la hiérarchie des fonctions publiques, et aux
grades de l'armée.

L'Assemblée nationale aurait pu encore se réserver directement le droit de désigner les officiers généraux et les régiments qui auraient tenu garnison dans la capitale et les environs.

Nos Ephores seraient un ministère de nomination aux emplois de la République.

Le Président et ses conseillers seraient un ministère d'action et d'exécution.

La direction générale, au parlement.

Si on eût pris ces petites précautions, nous n'aurions jamais eu la réjouissance d'un coup d'Etat, ni de la part d'un prince-président, ni de la part d'aucun autre aventurier, quelle que fut sa bonne volonté ou son audace à devenir parjure, en violant les lois et la patrie.

§ 2

Si nous avons manqué de prudence à l'intérieur, nous avons manqué de tactique à l'étranger, surtout dans l'expédition de Rome, destinée à rendre au pape son pouvoir temporel contre la volonté du peuple romain.

L'expédition avait été autorisée, en termes

ambigus, par la Constituante, sous le prétexte d'assurer l'ordre et la liberté aux Romains; ce qui, d'ailleurs, n'était pas de notre compétence.

Mais, au lieu de cette protection intempestive, Napoléon voulut faire et fit, en traître, la guerre à la République de Mazzini et de Garibaldi, pour remettre le pontife sur le trône de César.

A cette nouvelle, notre Constituante exaspérée, rendit un décret invitant le prince-président à ne plus détourner de son but l'expédition de Rome.

C'est tout ce qui sortit de la belle indignation et de la cervelle de nos constituants, pour réprimer cet attentat, cette félonie, cette violation de notre Constitution qui défend d'attenter à la liberté d'aucun peuple.

Nos députés, qui ont voté ce simple décret, ont commis une double faute en laissant commettre un double crime : violation de nos lois, oppression d'un peuple ami dont l'alliance entrait dans les plus chers intérêts de la France.

— Crime envers la France, crime envers l'Italie, désertion du devoir qui incombait à nos mandataires, inertie de caractère, alors qu'il aurait fallu condamner le grand coupable à une détention perpétuelle.

§ 3

Après une pareille faiblesse de ses adversaires, Bonaparte comprit trop bien qu'il pouvait préparer avec assurance l'*expédition de Rome* à l'intérieur, ainsi que M. de Montalembert eût l'audace de l'y inviter du haut de la tribune française.

La Constituante, restée sans force et sans prestige, n'avait plus qu'à se retirer tristement ; ce qu'elle fit, sur l'invitation d'une bande de pétitionnaires royalistes et sacristains. Les souverains mandataires de la nation s'en allèrent comme une bande d'écoliers qui quittent la classe sur l'ordre du magister.

§ 4

En définitive, la grande faute de la Constituante a été un excès de confiance.

Devant les hommes, les dogmes et les super-
fétations de l'ancien régime, abattus et terrassés,
nos mandataires, se croyant isolés dans les
sphères du vide, ne songèrent plus qu'à relever
ce qui était tombé, à retenir ce qui parut trop
élevé sur les pieds de bronze du suffrage universel.

On crut aux applaudissements hypocrites du
vieux monde ; on crut à la bonne foi des monarchistes qui acclamèrent la République 17 fois
dans une seule séance de l'Assemblée ; on crut,
dans les provinces, à la bonne foi des hommes
d'ancien régime qui firent partout des banquets
de conciliation avec le peuple, en l'honneur de
la République. On crut à la sincérité du clergé
qui vint bénir les arbres de la liberté, qui vint
bénir le gouvernement de la terre au nom des
puissances du ciel.

Maintenant que notre confiance a été si sou-
vent déçue, nous nous garderons désormais de
notre propre ingénuité. Nos déceptions multi-
pliées sont, pour nous, comme l'histoire gra-
duelle du cœur humain, qui nous rappellera la
prudence des Spartiates. Nous saurons que, pour
fonder des institutions durables, il faut les en-

tourer de garanties contre les sectaires des vieux régimes, violateurs des lois, ennemis implacables du droit national.

§ 5

En 1848, la France était devenue tout à coup foncièrement républicaine, puisqu'elle envoya une grande majorité de républicains à la Constituante.

Mais devant la politique de cette Constituante, politique incolore, ingénue, sans vigueur et sans but, la France recula et rentra sous l'ombre de la monarchie. C'est pourquoi elle fit, en 1849, des élections monarchiques.

Quelle que put être, d'ailleurs, cette dernière élection, Bonaparte avait déjà machiné, ourdi, monté le plan de son coup d'Etat. — La Constitution lui avait laissé le chemin libre. — Une Constitution républicaine, pleine d'articles monarchiques.

CHAPITRE II

Le Coup d'État hypocrite

En fouillant les dernières cavernes de l'Olympe monarchique, loin de nous la vaine espérance d'y rencontrer Minerve, ni les Grâces, ni les Muses d'Apollon. L'histoire bonapartiste est tout entière du ressort des Parques, des Bacchantes et des Furies.

Ministres du héros de Boulogne, préfets, officiers de cours, procureurs généraux et substituts, juges-commissaires et agents de police, tous étaient montés au diapason de la folie, pour commettre le crime, la violation des lois et l'assassinat du peuple.

Achille, le féroce héros de la guerre de Troie, n'immola que douze troyens sur le tombeau de Patrocle ; les bonapartistes avaient juré d'immoler tous les républicains sur la tombe de la monarchie.

Et cependant, à l'heure où les ferments du crime étaient bouillonnants dans les cervelles du parti conservateur, la France était dans un calme profond ; aucun souffle de discorde ou d'aigreur ne venait ternir le miroir de notre politique intérieure. Le parti républicain, dans toutes ses nuances, restait paisible et serein devant toutes les provocations du parti qui triomphait dans le gouvernement et dans le parlement. Toutes les lois abominables contre la liberté, contre la presse, contre le progrès, contre la République et contre le suffrage universel, trouvaient la démocratie indifférente et dédaigneuse, dans l'espoir des prochaines élections de 1852.

« Nous avons été battus dans les dernières élections ; nous espérons nous rattraper dans quelques mois ; nous espérons gagner quelques siéges, sinon la majorité. Nous n'attendons notre triomphe que du temps et du progrès dés esprits. »

Telle était la pensée à laquelle le parti républicain soumettait toute sa conduite et toutes ses résolutions.

C'est en ce moment que tous les conspirateurs des trois factions monarchiques ourdirent les dernières trames de leurs crimes contre nos institutions, avec les bénédictions de tous les jésuites et de tous les capucins de l'univers.

Joignant l'hypocrisie à l'audace furieuse, l'artifice du langage à la scélératesse la plus violente, le président Bonaparte, devenu directeur, écrit, dans sa première proclamation de Décembre 1851 : *Qu'il sort de la loi pour rentrer dans le droit.*

Bonaparte rentre dans le droit en restant dictateur perpétuel, pire que Scipion et Scylla.

Il rentre dans le droit, et il ferme la porte de l'Assemblée nationale, en faisant arrêter tous les députés dont il redoute l'influence.

Il rentre dans le droit, en faisant tirer, par feux de peloton, sur les passants et les promeneurs du boulevard, pour se mettre en train.

Il rentre dans le droit, et il ordonne, à ses

préfets et à ses généraux prétoriens, de faire fusiller quiconque se présentera pour défendre la Constitution, *l'unique droit de la nation.*

Bonaparte rentre dans le droit, et, dans tous les départements, on égorge, on emprisonne, on transporte sans jugement au nom de Louis Bonaparte.

Le sycophante de Décembre rentre dans le droit, et les élections se font sous l'impression perpétuelle de la terreur, sous la pression du sabre, avec le concours perpétuel de la fraude dans l'urne électorale.

Voilà Napoléon Bonaparte, traître et parjure, en compagnie de ses ministres : Morny, Persigny et Saint-Arnaud !

Dans notre département du Var, les ministres de Bonaparte s'appellent : Pastoureau, son préfet ; Bigorie de Laschamps, son procureur impérial, et Levaillant, son général prétorien, triumvirs exécuteurs des œuvres du prince parjure à son serment.

CHAPITRE III

Dans le Var

Notre département est, sans contredit, celui qui a le plus souffert du coup d'État de 1851. C'est ici que les Parques, les Bacchantes et les Furies ont travaillé avec le plus d'entrain et de folie, d'acharnement et de cruauté.

Quæque ipse miserrima vidi,
Et quorum pars magna fui !

Cependant, nos triumvirs, Bigorie, Pastoureau et Levaillant, juges de la commission mixte, croient avoir été des juges miséricordieux et justes; ils ont même la consolation de croire n'avoir commis aucune erreur en faisant transporter 500 citoyens en Afrique et à Cayenne,

sans procédure, sans interrogatoire et sans jugement.

Nous aussi, nous avons la consolation de
croire que nos triumvirs sont tous les trois
étrangers à notre département. C'est une consolation qui vaut bien la vôtre, bien que nous sa-
chions que vous aviez, dans nos contrées, dans
votre entourage, dans vos auxiliaires, des disci-
ples dignes de vous remplacer.

M. Euzière, l'homme toujours gonflé comme
la grenouille de La Fontaine, mérite une mention
particulière. Ancien procureur du roi Louis-
Philippe dans le Var, il fût appelé pour réunir
et coordonner les dossiers des victimes destinées
à la transportation. Pauvre Euzière, qui n'était
que la mouche du coche, mais qui se compromit
si volontiers, dans l'espoir de gagner le titre de
premier président à la cour d'appel, et qui est
mort simple conseiller dans un état de démence
à faire pitié. On le voyait, dans ses derniers
jours, agité et murmurant des paroles entrecou-

pées et bourdonnantes : *Afrique, Cayenne, lois violées, premier président, pauvres transportés sans loi et sans jugement !*

***

Nommons encore MM. Pascal, président du Tribunal de Draguignan, Poulle et Bareste, juges, qui ne pouvaient gagner que dans nos discordes civiles le titre de conseillers à la Cour.

N'oublions pas Niepce et Mougins de Roque-fort, substituts de Bigorie.

Il y avait enfin un Roque, procureur impérial à Toulon, et un sire de Castellane, sous-préfet de Brignoles, tous les deux dignes complices du coup d'État.

CHAPITRE IV

Suite du Var

———

La Garde-Freinet, le Luc, Vidauban, les Arcs, Salernes, Barjols, Fréjus, le Puget et le Muy avaient fourni les plus forts contingents à l'insurrection contre le coup d'État, protestation de la loi et de la conscience nationale contre les grands larrons qui dérobent la fortune, le droit et la liberté des peuples.

Une colonne de 2,000 hommes environ, qui était venue camper à Aups les 8 et 9 décembre, avait été dirigée en grande partie sur les routes des Basses-Alpes, et il restait à peine dans la ville, le 10 au matin, trois ou quatre cents hommes qui furent surpris et assaillis par un bataillon de ligne et un escadron de grosse cavalerie.

Quelle parité peut-il y avoir entre une foule indisciplinée et une armée régulière, surtout lorsque la première est plus faible en nombre, et armée de vieux fusils de chasse, contre un bataillon armé de carabines chargées à mitraille ?

Cinquante ou soixante cadavres restèrent étendus sur la place ; et les autres combattants, bientôt dispersés dans les champs, furent poursuivis par les gendarmes à cheval, qui accomplirent le massacre de la loi.

§ 2

Le préfet Pastoureau triomphant, et n'ayant qu'un soldat et un officier blessés, s'en alla le même jour coucher à Salernes, où il fit, le lendemain, fusiller deux hommes pris au hasard dans les cent prisonniers qu'il traînait avec lui.

Ces deux hommes fusillés à Salernes, le 11 décembre, à neuf heures du matin, l'un du Luc, l'autre de Vinon, sont heureusement encore vivants... Les balles du pistolet, tiré à bout portant, ne firent que traverser la peau, et restèrent inertes dans la bouche des victimes, qui étaient tombées étourdies et ensanglantées. Mais ayant repris les sens une demi-heure après, les deux morts purent s'enfuir dans un massif d'oliviers, et faire panser leurs blessures, qui furent bientôt cicatrisées, dans une maison de campagne voisine du lieu de l'exécution.

Le même jour, 11 décembre, à Lorgues, vers trois heures de l'après-midi, quatre prisonniers, choisis par un brigadier de Vidauban, furent encore égorgés par le même bourreau qui avait fusillé les prisonniers du matin. Quatre victimes qui furent exécutées avec une abondance d'horreur et de cruauté dont aurait frémi un inquisiteur dominicain de notre siècle.

Après cette affreuse boucherie, qu'on trouverait trop cruelle dans un abattoir, le préfet Pastoureau put enfin donner l'ordre du départ à son cortége et rentrer dans sa préfecture, endurci par les vapeurs du sang, contre les larmes et les malédictions du peuple.

Un cinquième prisonnier, à Lorgues, était destiné à la mort; ordre donné et retiré. Mais le carnage n'était pas encore fini; quatre jours plus tard, un autre meurtre fut consommé.

Déjà Martin Bidauré, rencontré seul à cheval, sur la route d'Aups à Draguignan, par le préfet Pastoureau, avait été fusillé une première fois le 10 décembre au matin. Laissé pour mort, après que son cadavre eût été labouré de coups de sabre, le malheureux revint à la vie et put se traîner dans une maison de campagne où il croyait rendre le dernier soupir. Mais dénoncé au préfet par une lettre du maire de Tourtour, Martin Bidauré fut repris par la gendarmerie, transporté à Aups mourant, et garrotté pendant 48 heures dans un lit d'hôpital, malgré ses blessures qui le rendaient impuissant à se mouvoir, et enfin tué par un peloton de soldats commandés par un officier du 50ᵉ de ligne.

Voilà donc Martin Bidauré, assassiné deux fois dans l'espace de quatre jours, pendant que M. Pastoureau était préfet du Var, et M. le général Levaillant commandant l'état de siége dans le département.

Nous avons cependant une loi qui abolit la peine de mort en matière politique. Mais qu'est-ce que la loi pour les puissances de l'ordre moral? On la viole ou on l'invoque suivant ses caprices. Loi et religion ne sont faites que pour le peuple.

CHAPITRE V

Suite du Var

———

Les prisons de Draguignan, de Brignoles, de Grasse et de Toulon furent bientôt pleines, recrutées dans toutes les communes du département qui fournit au moins sept à huit mille hommes aux cachots bonapartistes.

A Draguignan, dans nos salles de neuf mètres de long sur six de large, nous étions de 70 à 80 prisonniers, serrés comme des anchois, couchés les uns sur les autres sans pouvoir remuer. C'était la mort de l'étouffement. — Un seul homme, cependant, fut asphyxié ; nos poumons trompèrent l'attente de nos geôliers. Mais les deux salles de l'infirmerie, toujours remplies, étaient dans un état lamentable qui aurait ému de pitié l'âme de Néron et de Sylla.

La force morale du peuple fut plus forte que la miséricorde asphyxiante de nos magistrats.

Pendant les tortures du cachot, les triomphateurs faisaient des banquets à 60 francs par tête, au théâtre, voisin de la prison bonapartiste. Nous entendions chanter les bourgeois, les juges, les fonctionnaires et les avocats, célébrant la victoire d'une bande de criminels contre la société.

§ 2

La veille de Noël, 450 prisonniers choisis par Bigorie, Niepce et Mougins de Roquefort, vers deux heures du soir, passèrent le reste du jour et toute la nuit dans la grande cour, les pieds dans le givre, la rosée blanche sur la tête, sans aucune nourriture depuis le matin.

Le lendemain, jour de Noël, nos infortunés

compagnons, abîmés d'un pareil traitement, furent attachés deux à deux, la corde aux mains et au cou, comme des bœufs attelés à la charrue, et conduits jusqu'à Fréjus où on leur donna un morceau de pain, puis embarqués à Saint-Raphaël pour Toulon.

Les infortunés étaient brisés. Une nuit à la belle étoile, au cœur de l'hiver, l'estomac vide; trente kilomètres de marche forcée, sous l'escorte des gendarmes; trente heures sans nourriture; n'était-ce pas assez pour tuer des hommes garrottés, si la mort n'eut fait faillite aux satrapes de Bonaparte.

Les autres convois pour Toulon se firent par la voie de terre ; trois jours de chemin enchaînés aux mains et au cou, entre deux compagnons d'infortune; trois jours d'étapes cruelles dans les sombres prisons de Draguignan à Toulon. Le Luc possède, en particulier, un cachot digne du moyen-âge.

Les caveaux du fort Lamalgue, à trente pieds

sous terre, remplis des victimes du Var et des Basses-Alpes, sur la pierre nue, sans paille, sans air, sans jour, nous servaient de reposoir avant de partir pour l'Afrique.

§ 3

·

Pendant la perpétration de tous ces crimes, un avocat qui avait été prié d'intéresser M. Euzière au profit d'un prisonnier dont le sort était encore inconnu, cet avocat, disons-nous, répondit à un pauvre père de famille, par une lettre qui est tombée entre mes mains, que ce magistrat lui avait promis de faire, pour son fils, *tout ce qui serait compatible avec la justice.*

Voilà donc un juge de cour, et un homme de loi, qui trouvent les attentats et les crimes d'un coup d'Etat *compatibles avec la justice.*

La violation de toutes les garanties légales : *compatibles avec la justice.*

Les assassinats de Lorgues et de Salernes : *compatibles avec la justice.*

Le double assassinat de Martin Bidauré : *compatible avec la justice.*

Les horreurs d'une détention homicide : *compatibles avec la justice.*

Les transportations en masse sans jugement : *compatibles avec la justice!...*

CHAPITRE VI

Suite du Var. — Les calomnies justificatives.

Malgré toute absence de remords, les triomphateurs se sentirent troublés dans l'énormité de leurs crimes, sous le coup de cette réprobation universelle qui enveloppe les grands de la terre, dans l'impunité de leur puissance. Pour atténuer ce sentiment d'iniquité, à leurs yeux et aux yeux du monde, il leur fallait rendre odieux le parti républicain, en France et en Europe. On avait bien la ressource des vieilles rengaînes d'anarchistes, de révolutionnaires, partageux, spectre rouge, péril social, et autres injures du vocabulaire aristocrate contre les peuples. Source épuisée ; il fallait inventer des faits portant de belles accusations et de belles calomnies propagées avec artifice ; ce qui n'était pas difficile, la parole appartenant au vainqueur, et le silence au vaincu. Chaque province eût les siennes, dans ce plan de stratégie monarchique ; mais les calomnies dont fut honoré le département du Var, sont peut-être les plus charmantes et les plus jolies qu'on puisse imaginer, ainsi qu'on va le voir dans les chapitres qui leur sont consacrés.

Nous ne signalons que pour mémoire les trois ou quatre poulies fixées aux grands arbres du Cours, auxquelles les charcutiers de la ville d'Aups ont l'habitude de suspendre leur bétail de boucherie. Il ne fallait pas beaucoup d'esprit pour trouver celle-là, et dire que ces grosses poulies étaient l'œuvre des républicains pour y

pendre les aristocrates de l'endroit et des environs.

La seconde calomnie qui vint nous visiter
dans les cachots, fut celle de trois petits enfants
mangés à la broche par le peuple insurgé, dans
le bois des Maures, entre Lorgues et Salernes.
Un des nôtres, qui en avait goûté, ajouta que la
chair des petits enfants est succulente. « Il n'est
plus étonnant , dit-il, que le grand seigneur
d'Épidaure en fit sa nourriture habituelle. » Il
est bien fâcheux que les mères de famille n'aient
point osé porter plainte à la justice, de leurs
enfants rôtis, par suite de la terreur que leur
inspiraient les républicains renfermés dans les
cachots.

La troisième invention fut celle d'une machine infernale fabriquée par le peuple, tran-
chant 40 têtes d'un seul coup.

Tout cela courut dans le Var et les départements voisins, comme une vérité d'Évangile.
Deux dames d'Aix, venues pour voir leur mari
et père prisonnier avec nous, nous affirmèrent
que cette machine faisait la plus mauvaise impression, dans les Bouches-du-Rhône, contre
les républicains du Var.

La renommée rapide de ces inventions dût être une grande consolation pour nos magistrats vertueux ; douce consolation pour vous, aimable Bigorie, bien que vous ne fussiez ni l'inventeur de la broche, ni le mécanicien de la machine infernale. — Incapable d'une plaisanterie funèbre ! — Tout le monde connaît vos belles qualités métaphysiques et prétoriennes. Vous êtes l'honneur du prétoire, la sagesse infaillible, la fleur de l'ordre moral. Les évêques, les capucins, les ulémas, les marabouts vous bénissent, et le pape Pie V vous réserve la meilleure place dans son paradis.

Heureux Bigorie!... en jouissant de votre paradis, vous aurez, en outre, la consolation de croire que -l'histoire consacrera votre mémoire chérie, et que la poésie chantera vos louanges, votre justice et vos bienfaits.

CHAPITRE VII

Suite des calomnies
justificatives

———

Voici un rôti un peu plus substantiel que celui des trois petits enfants lardés à la broche.

Le 10 décembre au matin, pendant le combat d'Aups, M. de Panescorce et M. de Laval s'étant mis aux fenêtres de l'hôtel du Cours, furent tués par une décharge de la troupe de ligne qui les prit pour des insurgés. — Malheureuse occasion d'exploiter un accident contre le peuple, en publiant que les deux royalistes avaient été assassinés par les républicains. Ce ne fut pas assez de le dire verbalement ; — on voulut le faire constater par écrit, pour faire connaître le grand crime à la postérité. Deux hommes de l'art furent requis de fabriquer un certificat portant que M. de Panescorce et M. de Laval avaient été fusillés par le peuple. « La preuve, dit le certificat, c'est qu'on a extrait, des blessures des deux victimes, deux petites balles à l'usage des gens de campagne, tandis que la troupe ne tire qu'avec de grosses balles d'une once. »

Votre preuve, dirons-nous, prouve que la troupe avait reçu l'ordre de charger à mitraille pour tuer ou blesser une plus grande quantité d'hommes en tirant sur une foule éparse et sans discipline.

Aucune autorité n'a osé légaliser les deux signatures du certificat ; M. de Bigorie de Laschamps lui-même n'a revêtu cet écrit calomnieux que du sceau de son parquet, sans y apposer sa noble signature.

Un dernier rôti.

Le soir du même jour, vers minuit, le nommé

Feraud de Claire, royaliste forcené, de Salernes, fut tué, par une brigade de gendarmerie, sur la route d'Aups à Sillans. Le sieur Feraud, ayant distingué les gendarmes à la clarté des étoiles, s'était dirigé vers eux, en criant : *Ohé! les amis, les amis!...* La seule réponse qu'il reçut fut une décharge de mousquetons qui l'étendit roide mort sur les bords du chemin.

Encore une bonne occasion, pour le parti de l'ordre, d'accuser les républicains de cet assassinat.

Inutile d'ajouter que, dans cette affreuse guerre civile, les républicains n'ont tué ni menacé personne. C'est à la sage conduite du peuple, comparée à la fureur des monarchistes, que la République doit ses grands progrès dans l'esprit de notre département.

CHAPITRE VIII

Suite des calomnies

justificatives.

———

— Que ferons-nous de votre notaire? disait un beau magistrat de Draguignan à un juge de paix de Salernes. Nous avons une ,dent contre lui, depuis qu'il écrit des articles républicains dans un journal de Marseille très répandu dans le Var : *la Voix du Peuple*. Rien que sa qualité de notaire a converti beaucoup de monde à la République.

— Il faut le condamner pour avoir désarmé la commune de Sillans, dit le juge de paix.

— Oh ! quelques fusils qu'on lui a livrés de bonne grâce, sans violence, pour la défense de la Constitution. Ça n'est presque rien. Pour le condamner, c'est toujours facile ; mais nous voudrions quelque chose d'un peu fort, quelque chose de fringant contre lui.

— Nous verrons, répliqua le juge de paix.

— Voici, reprit le beau magistrat ; nous n'avons rien trouvé dans sa vie privée ; politiquement, il n'y a, je crois, eu aucun crime à lui imputer ; mais ne pourrait-on pas lui trouver quelque bon crime de parole ou de pensée, ne fût-ce que par appréciation ? Vous mettriez cela dans un rapport qui serait tenu secret, mais bon pour nous justifier dans l'avenir.

— Nous verrons ; soyez tranquille, répartit le juge de la conciliation.

— Oui, faites, répliqua le beau magistrat ; il nous faut des semblants de raison pour faire semblant de justifier l'œuvre entreprise pour le salut de la société.

— Il faut considérer, ajouta le beau magistrat, que nous sommes dans une situation critique.

Nous avons versé le sang contre les lois ; nous tenons une masse de peuple dans les tourments du cachot, pour l'envoyer à Cayenne contre toute justice. Il nous faudrait donc pour atténuer, à notre égard, les jugements de l'histoire, il nous faudrait des preuves attestant que les républicains avaient résolu d'assassiner les gens du parti conservateur. Nous avons déjà le certificat qui constate l'assassinat de Panescorce et de Laval par le peuple ; le pendant serait fort joli, si on peut le trouver. Nous aurions deux belles pièces en magasin, pour justifier notre justice dans la postérité.

Après cet entretien, notre juge de paix s'en alla droit trouver le maire de son village, pour lui dire qu'on est en bonne voie contre le notaire en question.

— Nous pouvons faire tout ce que nous voudrons. La République m'avait destitué de juge de paix ; il faut que je me venge contre les républicains.

— Moi aussi, répondit le maire du coup d'Etat, j'ai à me venger de cet enragé notaire qui m'a fait perdre mon procès contre le scieur de long dont il était le conseil. Vengeance !

Et les deux braves magistrats bonapartistes, avec le concours des trois ou quatre monarchistes du pays, rédigèrent, sur mon compte, dans leur rapport sur les insurgés du canton, une note ainsi conçue :

« Sanguinaire, orateur de club et de café,
« ancien correspondant de la *Voix du Peuple;*
« Il disait, il y a deux ans : — Il faut six têtes
« à Salernes : celles du percepteur, de l'ex-
« notaire Lambert et du juge de paix. — Mais
« si on prenait la vôtre? — Mais moi, je suis un
« brave homme. Le 6 décembre, il a désarmé
« la maison commune de Sillans; il a trouvé le
« moyen de ne pas aller à Aups. — Signé :
« LAMBERT, juge et FERRC, maire. »

Cette dénonciation, à la date du 28 janvier 1852, parut si monstrueuse et si stupide, que, en se servant des calomnies qu'elle renferme, les magistrats n'osèrent jamais en indiquer la source; il n'en est fait mention ni dans la sentence de la commission mixte, ni dans le jugement de défaut du 17 mars 1852 qui me destitue de mes fonctions de notaire, ni dans l'assignation dont le sieur Bigorie fit précéder le jugement de défaut. — Son existence nous serait encore inconnue sans la République du 4 Septembre, qui a déjà dévoilé tant d'infamies bonapartistes.

En déférant cette dénonciation à la justice du tribunal, voici les conclusions prises par notre avoué :

« Attendu que les faits relevés dans la note
« ci-dessus transcrite déposée à la Préfecture,
« qui n'est autre chose qu'une dénonciation
« calomnieuse imputant au demandeur des faits
« faux et des paroles qui n'ont jamais été pro-
« noncées ;

« Que les faits relevés dans la dénonciation
« dont s'agit, sont énergiquement déniés par le
« demandeur, qu'il est prêt à accepter tout
« moyen de preuve destiné à éclairer la reli-
« gion du tribunal pour démontrer la fausseté
« de ces allégations, déclarant renoncer formel-
« lement au bénéfice de la loi qui n'admet pas
« la preuve des faits diffamatoires; le deman-

« deur ne désirant qu'une chose : la justice et
« la vérité. »

Ces conclusions sont soutenues par Mᵉ Anglés,
notre défenseur, qui prie le tribunal d'accorder
les lumières de l'enquête et tous les moyens
d'information pour connaître la vérité; mon
client défie ses détracteurs de démontrer contre
lui ni aucune mauvaise parole, ni aucune mauvaise action.

M. le maire fit plaider, par son avocat, l'enterrement du procès sans enquête, sans information.

— Si vous donnez accès, dit-il, au postulant
d'aujourd'hui, demain toutes les victimes du
coup d'État viendront vous demander réparation
contre les magistrats de cette époque. Faites
donc l'enterrement de ce procès sans retard.

Sur cette argumentation, d'une vertu équi-
voque, le tribunal de Draguignan prononce l'enterrement de nos réclamations par jugement du
29 mai 1871.

Comment, Monsieur le Maire, vous êtes ac-
cusé, avec votre compère le juge défunt, d'une
dénonciation calomnieuse, et vous ne demandez
pas vous-même l'enquête qui prouverait votre

bonne foi ? Loin de chercher la lumière, vous suppliez le tribunal de vous cacher, avec votre rapport, dans la poussière des archives bonapartistes !

Vous lancez vos imputations dans les ténèbres, pendant que nous sommes dans les cachots, et vous n'osez les soutenir au grand jour de la publicité.

Cela seul prouve jusqu'à l'évidence la culpabilité de votre rapport et de votre conduite, bien dignes d'un agent bonapartiste dans les horreurs du coup d'Etat.

Comment soutiendriez-vous, devant la justice, des inventions de votre cru ? Vous ne désignez ni le local, ni la localité où aurait éclaté cette prédication de meurtre, *il y a deux ans :* si c'est à Salernes, à Draguignan, à Marseille ou à Paris ? — Si vous aviez eu un peu de sang dans le cœur ; si vous aviez eu seulement la conviction de pouvoir montrer les apparences de la bonne foi, vous auriez accepté et demandé l'enquête judiciaire ; vous l'accepteriez encore ; vous y êtes encore à temps.

Dans l'hypothèse de cette information juridique, je m'engage à ne produire, sur mon caractère, que des témoins pris dans les rangs du parti conservateur, afin que les témoignages ne puissent être suspectés.

De votre côté, vous prendrez vos témoins où il vous plaira ; nous les défions d'avance d'articuler, à notre égard, ni les imputations de votre rapport, ni aucune autre espèce d'accusation.

Au fond, vous n'avez pas pris garde qu'en refusant les lumières de l'enquête, vous vous condamniez vous-même, vous et le juge de paix, votre compère et ami défunt.

Le tribunal n'a pas pris garde qu'en refoulant la dénonciation dans les ténèbres de la police secrète, il condamnait, moralement, les magistrats bonapartistes qu'il a voulu protéger sous les voiles de l'obscurité.

Car ceux qui refusent la lumière prouvent ainsi qu'ils ne marchent ni dans la justice de Dieu ni dans la justice des hommes, ni dans les lois morales, ni dans les lois écrites.

*
* *

Heureusement, nos litiges ne sont pas terminés. Cette bonne justice, que nous espérions, n'est encore définitive ni sur les choses que nous venons de signaler, ni sur les choses signalées dans le chapitre suivant. La prise à partie n'est pas encore abrogée dans nos lois.

CHAPITRE IX

Transportations. — Suite
des calomnies

On trouve, à la Préfecture du Var, une dou-
zaine de registres contenant les sentences de la
commission mixte, au nombre d'environ six
cents, sur les dix mille prisonniers de notre département.

Ces horribles condamnations, qualifiées d'*es-
pèces de jugement* par la circulaire du 3 février
1852, sont toutes sur feuilles imprimées d'avance,
pour que M. de Bigorie et ses confrères n'eus-
sent qu'à y ajouter le nom des proscrits, avec

quelques particularités odieuses sorties des sombres arcanes de la police secrète, sans contrôle, sans aucune explication de la part des inculpés.

— Le tout illustré de la signature des trois juges-commissaires : Levaillant, Pastoureau et Bigorie ; trois juges de guerre civile, qui ont fait tant de veuves et d'orphelins, jeté tant de familles dans la ruine ou le désespoir, causé la mort de nos parents brisés de douleur devant le désastre de leurs fils.

Nobles juges, nous ne souhaitons point à vos familles les tortures que les nôtres doivent à vos âmes insensibles, à votre arbitraire *sans erreur*, sans foi ni loi. — Le souvenir de vos victimes, sinon le remords, suffira pour notre vengeance. Ces souvenirs lugubres vous poursuivront jusqu'au fond de votre couche mortuaire, sur laquelle planera l'image mélancolique de vos morts africains, l'image des veuves, des mères et des enfants, qui n'oublieront jamais votre passage funèbre dans nos parages désolés et ensanglantés.

§ 2

L'*espèce de jugement* qui me concerne porte cinq ans de transportation secrète, sans notification; sort inconnu. Triste bail prolongé de trois ans par tacite réconduction; total : huit ans de détention, de transportation et d'exil.

Bienheureux magistrats, qui ont la consolation élastique, la conscience railleuse et le cœur léger !

En vertu de son *espèce de jugement* rendu à la sourdine, M. de Bigorie me fit assigner devant le tribunal de Draguignan, qui, en rappelant les calomnies de la commission mixte, me révoque de notaire par jugement du 17 mars 1852.

Attendu, dit ce jugement que la peine de la

transportation prononcée par la commission mixte, n'est autre que celle du bannissement, qui emporte, d'après les articles 28 et 34 du code pénal, la dégradation civique, la destitution et l'exclusion de tout emploi public, révoque ledit notaire de ses fonctions.

Ainsi jugé et prononcé par défaut, par le tribunal de première instance de Draguignan, le 17 mars 1852. — PASCAL, président ; POULLE et BARESTE, ancien notaire, juges..

Ayant fait sur-le-champ opposition à ce jugement de défaut, je fus immédiatement embarqué pour l'Afrique. M. de Bigorie et les beaux juges bonapartistes craignirent un débat régulier sur la vertu de leurs belles œuvres, aussi ridicules qu'injustes.

Après 19 ans de gouvernement impérial, nous avons pu enfin former opposition audit jugement de défaut, sur laquelle opposition le tribunal de Draguignan a rendu le jugement suivant à la date du 14 mars 1871.

RÉPUBLIQUE FRANÇAISE

Au nom du Peuple Français.

Le Tribunal de première instance de l'arrondissement de Draguignan, département du Var, a rendu le jugement suivant :

En la cause de Jacques-Louis-Alexandre Gariel, ancien notaire, actuellement conseiller de préfecture, domicilié et demeurant à Draguignan, opposant à un jugement de défaut rendu contre lui le 17 mars 1852 par le tribunal de céans, comparaissant par Mᵉ Noble, avocat du barreau de Toulon.

Contre le Ministère public.

Après avoir ouï à l'audience du 7 mars 1871, Mᵉ Noble, avocat, dans l'intérêt de M. Gariel opposant au jugement de défaut du tribunal de céans, en date du 17 mars 1852, et en demandant la rétractation ;

Ouï M. Grassi, substitut du Procureur de la République dans ses conclusions conformes au présent jugement ;

Attendu que l'opposition est régulière en la forme;

Attendu que le jugement du 17 mars 1852 est fondé sur les motifs suivants :

« M. Gariel, notaire, a été condamné par la com-
« mission mixte à être transporté en Algérie pendant
« cinq années; cette peine n'est autre que celle du
« bannissement qui, d'après l'article 28 du code
« pénal, emporte la dégradation civique, et, par
« suite, aux termes de l'article 34 du même code,
« la destitution et l'exclusion de tous emplois pu-
« blics; M. Gariel est donc incapable et doit être
« destitué de ses fonctions de notaire. »

Attendu que l'assimilation entre la peine qu'a eu à subir M. Gariel, et celle du bannissement, n'est pas exacte ;

Attendu d'ailleurs, que l'on ne peut considérer M. Gariel comme un condamné ordinaire, ni attribuer à la décision qui l'a frappé, le caractère et les effets des condamnations prononcées par les tribunaux criminels;

Que si l'on examine la manière dont les commissions mixtes furent instituées, les attributions qui leur furent données, et l'exécution que reçurent leurs décisions, on remarque qu'elles furent organisées par une simple circulaire des ministres de la justice, de la guerre et de l'intérieur (3 février 1852). Les individus soumis à leur examen

avaient été pour la plupart arrêtés sans mandat
régulier, ils étaient détenus en grand nombre, et
le pouvoir d'alors, pour hâter la fin de cette situation, confia le jugement de ces inculpés *à une sorte
de tribunal mixte* composé de fonctionnaires de
divers ordres qui devaient, dit la circulaire, appli-
quer diverses mesures aux détenus, savoir : le
renvoi devant les conseils de guerre, la transportation à Cayenne, etc..., et à la fin de ce
travail des commissions, un état des affaires devait
être envoyé aux ministres avec un résumé des
motifs, afin que le gouvernement *put juger du mérite
des classifications*,

Qu'ainsi une circulaire des ministres aurait créé
un tribunal, indiqué et limité les peines à appli-
quer, et réservé aux mêmes ministres le droit
d'apprécier le mérite des décisions de ce tribunal;

Que, évidemment, on ne peut voir dans le docu-
ment qui vient d'être analysé, l'institution d'un
tribunal appelé à prononcer des jugements dans le
sens légal de ce mot, ayant la valeur et la portée de
sentences émanées des tribunaux qui fonctionnent
au nom et en vertu de la loi;

Que le décret du 5 mars, en est une nouvelle
preuve; il porte en effet ces mots :

« Considérant que les décisions rendues par les
« commissions mixtes, en vertu de la circulaire du

« 3 février, *ont besoin d'être revêtues d'une sanction*
« *pénale.* »

Attendu dès lors, que nulle incapacité légale n'est
résultée pour M. Gariel, de la décision de la commission mixte;

Attendu que les faits qui lui sont imputés, et qu'il
a déniés énergiquement par l'organe de son défenseur à l'audience, ne sont pas justifiés; que le
ministère public ne demande pas à en faire la
preuve, et que le tribunal ne peut ni ne doit accepter comme une preuve la décision de la commission mixte, rendue sans audition de témoins ni de
l'inculpé, et n'indiquant pas à quelle source elle a
puisé les faits dont elle l'a déclaré convaincu;

Par ces motifs :

Le Tribunal de première instance de l'arrondissement de Draguignan (Var), faisant droit à l'opposition, rétracte le jugement de défaut rendu le 17
mars 1852, le déclare nul et non avenu, relaxe
M. Gariel des fins prises contre lui par le ministère
public lors du jugement précité, et le renvoie sans
dépens.

Ainsi jugé et prononcé à Draguignan, en audience
publique, au Palais de Justice, le 14 mars 1871.

Le jugement ci-dessus transcrit, qui pulvérise la sentence de la commission mixte, et le jugement du 17 mars 1852, condamne en même temps, sans le savoir, la *dénonciation calomnieuse* du 28 janvier 1852, signée par le maire et le juge de paix de Salernes, puisque cette dénonciation n'invoque aucun témoignage, n'indique pas la source où elle est puisée, ne dit pas si c'est dans une maison particulière ou dans un club, dans un lieu public ou privé, que les paroles imputées auraient été prononcées.

Comment cette dénonciation aurait-elle pu indiquer des lieux et des témoignages, sur des calomnies inventées et fabriquées sous le manteau de la cheminée.

Bigorie de Laschamps, Poulle et Bareste, avec tous vos pairs et tous vos adjudants subalternes, je vous défie de produire une raison, ou un témoignage, ou un article de loi qui justifie vos procédés judiciaires à mon égard. Je vous défie d'affirmer votre bonne foi sur les décisions de la commission mixte, qui ne passeront jamais pour des arrêts de justice.

*
* *

Par suite encore : le tribunal qui a rendu le jugement du 14 mars 1871, frappe lui-même et condamne d'avance son jugement du 29 mai suivant mentionné au chapitre précédent, puisqu'il s'agit, dans les deux jugements, des mêmes imputations inscrites au registre de la police sans lieu de naissance, sans domicile et sans témoins.

Rien qu'à la différence de style et de rédaction, on reconnaît le degré différent de rectitude et d'impartialité, qui a présidé à la confection des deux jugements rendus par les mêmes juges du même tribunal.

La sagesse, dans le palais de Thémis, aurait-elle, à perpétuité, des alternatives d'ombre et de splendeur, comme le soleil : tantôt les brouillards, tantôt le beau temps.

Amant alterna camenæ.

CHAPITRE X

Conclusion

On se souvient encore de l'enthousiasme de conciliation, qui fut la suite de la Révolution de Février 1848. Dans toute la France, personne ne fut ni inquiété ni recherché.

A Draguignan, magistrats, bourgeois et employés assistèrent au banquet d'union et de fraternité, au milieu des charrons, carrossiers et cordonniers ; tout le monde rayonnait de joie et de cordialité. Le président du tribunal, d'autres fonctionnaires et d'autres bourgeois avaient même pratiqué l'aimable gentillesse de venir au festival, les poches pleines de pipes et de tabacs fins, qui furent distribués, au dessert, avec autant de délicatesse que de profusion.

Comparez donc cet aimable banquet, suite d'une Révolution populaire, avec les suites du coup d'État de 51.

Comparez et jugez :

Une explosion de démocratie assure le calme et le progrès de la civilisation.

Une explosion de monarchie assure le retour de la barbarie.

Il est donc bien entendu, d'après le coup d'État réussi de Décembre, et d'après le coup d'État manqué du 16 Mai 1877, que le parti conservateur, monarchique et clérical repousse le gouvernement de la natîou par la nation ; il récuse le droit national fondé par le suffrage universel.

Aveugles !... vous renversez de vos mains l'édifice protecteur qui vous abrite contre la violence des tempêtes. Vous faites renaître le droit légitime d'insurrection contre la petite minorité des *classes dirigeantes*, naturellement injustes et oppressives. Le droit de révolution devient permanent, à l'état de crise latente ou débordante.

Retranchez de la vie humaine le principe de la volonté nationale, le principe de la loi souveraine, et vous n'aurez plus devant vous que des brouillards, des orages et des naufrages, dans un monde où règnera la discorde sanglante des siècles barbares.

FIN.

www.ingramcontent.com/pod-product-compliance
Lightning Source LLC
Chambersburg PA
CBHW061244050726
47594CB00004B/1363